Strategic Management Leadership
Arthur H Tafero
comprend des plans de leçons

Avant

    Ce texte est conçu pour les élèves de niveau avancé de leur cursus d'affaires ou pour les propriétaires d'entreprises qui souhaitent appliquer les principes les plus professionnels à leur entreprise afin de réaliser des marges bénéficiaires plus élevées. Les grandes lignes du plan de leçon sont décomposés en deux zones distinctes; une section en gestion stratégique et un autre en leadership.
    Stratégique Manangement comprendra toutes les compétences de base antérieures acquises dans les cours d'affaires précédentes, y compris les ventes et le marketing, comportement organisationnel, et les variables de mesure tels que CPM (Matrice comparative de profil), SWOT (mesure des forces, faiblesses, opportunités et menaces), OD (organisation diagnostic), l'IFE (évaluation interne Factor), EFE (Evaluation Externe) et d'autres des Finances et de principes économiques.
Arthur H Tafero

Table des matières
Forward..1
Table d' Contents..2
Première leçon - Gestion stratégique - Introduction 4
Deuxième leçon - Business Mission..6
Troisième leçon - Analyse factorielle EFE-externe (l'évaluation externe) 8

Quatrième leçon - EFE - évaluation externe (deuxième partie) .... .10

Cinquième leçon - IFE - Facteur Analyse interne (l'évaluation interne) 12

Sixième leçon - IFE - Évaluation interne (deuxième partie) 14

Septième leçon - Stratégies de Action..16

Huitième leçon - Analyse de la stratégie et Choice... 18

Lesson Nine - Mise en œuvre Strategy...20

Leçon Dix - Stratégie de mise en œuvre (deuxième partie) 22

Leçon Eleven - Examen et essais des Premières Dix leçons 24

Leçon Douze - Contrôle Strategies...24

Leçon Treize - Examen de la stratégie (Sur la route de Plan B, C etc) 26

Leçon Quatorze - Stage Preparation..28

Section de leadership

Leçon un - Importance de Leadership..30

Deuxième leçon - Le leadership Equation...32

Troisième leçon - Leadership Qualities..34

Quatrième leçon - Éléments de la situation dans Leadership...36

Cinquième leçon - Leadership Vision... ...38

Sixième leçon - Motifs pour Leaders...40

Septième leçon - Leadership Ethics...42

Huitième leçon - Leadership Values...44

Lesson Nine - L'éthique au Workplace..46

Leçon Dix - Examen et analyse de la section Leadership
.... .48
Leçon Eleven - Revue et analyse de la gestion stratégique et leadership combiné 0,49

Leçon les plans de Tafero de Jour - Gestion stratégique - Introduction - Un
Première leçon - Introduction à la gestion stratégique

1. gestion stratégique (planification stratégique) 5 - art et la science de la formulation, la mise en œuvre et l'évaluation des décisions fonctionnelles transversales qui permettent à une organisation d'atteindre ses objectifs.
2 Alternative Définition de la gestion stratégique et stratégique Plan5 - Gestion stratégique est la formulation, la mise en œuvre et l'évaluation de la stratégie, le plan stratégique est simplement la formulation stratégique.
3. processus de gestion stratégique 5 - Formulation de la stratégie, stratégie de mise en œuvre et évaluation de la stratégie - Cela inclut également venir avec Plan B, C, D et ainsi de suite parce que le plan A ne fonctionne jamais! (Il ne peut pas parce que personne ne peut même voir un jour dans le futur, donc pas de plan fonctionne parfaitement sans jamais savoir de l'avenir)
4 Stratégie Formulation5 - l'élaboration d'une vision ou d'une mission, l'identification des opportunités et menaces (SWOT) externes, déterminer les forces et les faiblesses internes (FFPM), l'établissement d'objectifs, générant des stratégies alternatives, choisir le meilleur, et la préparation des plans B, C, D et ainsi de suite lorsque ce plan A échoue.
5 Stratégie Implementation6 - stade de plan d'action
6 Évaluation de la stratégie 6 - Savoir si votre plan a fonctionné ou non et 99,99%, vous

découvrirez cela n'a pas fonctionné parfaitement, donc vous devez apporter des corrections pour Plan B, C etc

7. concurrentiel Quelque chose Advantage8- vous ou votre entreprise fait notamment mieux que d'autres

8. Sustained Competitive Advantage 10 - adapter en permanence pour maintenir votre avantage dans les affaires

9 Vision Statement11 - Qu'est-ce que vous voulez devenir

10 Mission Statement11- La portée des activités de l'entreprise en termes de produits et de marché

11 SWOT - 12 - se réfère à des forces internes et faiblesses, opportunités et menaces de l'extérieur

12. Objectifs 13 - les résultats spécifiques d'une organisation cherche à atteindre

13. Stratégies 13 - moyens par lesquels une société tente d'atteindre ses objectifs

14. Objectifs annuels - 13 buts annuels basés sur des suppositions par les stratèges; ce sont changées à 100% du temps dans le Plan B, C et etc, car personne ne peut prédire une journée (beaucoup moins d'un an) de l'événement à l'avenir.

15 Habilitation 17 - l'acte de donner aux employés plus de puissance

16. ***** Avantages de la planification stratégique 18

un. Identifie les opportunités

b. Examine les problèmes de gestion

c. Améliore la coordination

d. Améliore le contrôle

e. Il répartit le temps et le travail

f. Il améliore la communication

g. Il crée une atmosphère d'équipe

h. Il développe la discipline

17 principes d'affaires Ethics21- de conduite au sein des entreprises

ICA et HW Affectation - Leçon 1

HW 1 Essais -

1 Pourquoi la gestion stratégique d'un cours d'affaires essentiel?

2 Discuter des trois éléments de base de la gestion stratégique.

3 Discutez des avantages de la gestion stratégique

4. discuter du plan stratégique.

Ressources Internet pour cette leçon:

Général Matériau de référence pour tous les contenus

http://www.askmrmovies.com

Gestion stratégique

www.quickmba.com/strategy

Plan stratégique
www.managementhelp.org/plan_dec/str_plan/str_plan.htm

Leçon les plans de Tafero du jour - Gestion stratégique - La Mission d'affaires - Deux
Leçon 2 - La Vision et Mission

***** 1. Avantages de créer un pg Énoncé de mission 59
un. Il permet d'unir le but de l'organisation
b. Crée un standard pour l'allocation des ressources
c. Établit le ton du climat organisationnel
d. Sert de point focal pour les employés
e. Traduit objectifs dans la structure de travail
f. Coût, temps et travail peuvent être mesurés et évalués à l'énoncé de mission
***** 2. Marketing Client publicité pg 66
un. Ne pas offrir CHOSES
b. Ne pas offrir des vêtements, offre un style et des regards
c. Ne pas offrir des chaussures, offre le style et le confort
d. Ne pas offrir une maison, offrir la sécurité, le confort, la commodité, la propreté
e. Ne pas offrir une voiture, la qualité de l'offre, la possibilité sexuelle, et le confort
f. Ne pas offrir des livres, offre les connaissances et le plaisir de la lecture
g. Ne pas offrir de CD, offrez-moi une musique relaxante ou excitante
h. Ne pas offrir des outils, d'offrir les avantages d'avoir des outils, des produits finis
i. Ne pas offrir des meubles, offre le confort et le style
j. Ne pas offrir des choses ... offrir des idées, des émotions, une ambiance, des sentiments et des avantages
3 L'illusion de la responsabilité sociale des entreprises privées
un. Souvent, les entreprises privées disent une chose dans leurs énoncés de mission, mais dans la pratique, font tout le contraire.
b. Certaines sociétés minières disent souvent comment ils améliorent la vie des personnes et créent des emplois, mais en réalité, après avoir fini de décapage d'une mine, le sol est épuisé et toutes les personnes qui travaillent dans ce domaine deviennent chômeurs. Cela ne semble pas trop socialement responsable pour moi.
c. Certaines banques disent qu'elles sont socialement responsables dans la communauté en donnant de petites sommes d'argent aux efforts de la communauté, mais en réalité, ils seront toujours favoriser les clients avec le plus d'argent investi dans leurs comptes avec des offres qui éclipsent les contributions qu'ils apportent à la communauté. Ils sont aidés par les

gouvernements qui se disent aussi socialement responsable, mais ces mêmes gouvernements (trop nombreux pour être cités) seront souvent renflouer une banque un milliard de dollars de la faillite et effacer leur dette ... Quand était la dernière fois qu'une banque a jamais fait que pour vous? (Ou un pays)

d. Certaines entreprises mettent leurs plans merveilleux de retraite à leurs employés qui prennent leur retraite et les agents sans scrupules de la société essuyer les fonds de pension des investissements mal avisés des stocks très discutables et programmes immobiliers. Affaire au point: ENRON

e. Certaines entreprises mettent en évidence le fait que leurs produits cosmétiques sont respectueux de l'environnement et sans danger pour votre santé, mais ils n'ont pas de mentionner que cette même entreprise a dû torturer des centaines d'animaux avec leur produit afin de garantir ces résultats.

f. Certaines entreprises technologie d'accord pour permettre aux pays de violer les droits individuels des consommateurs, afin de s'attirer les avantages de marketing avec les dirigeants de ces pays.

g. Il ya des entreprises qui sont socialement responsables, mais certainement loin le nombre qui prétendent qu'ils sont.

5 ****** composants de la page Énoncé de mission 70

un. Les clients - Qui sont-ils (ciblage)
b. Produits ou services - Que vendez-vous?
c. Marchés - Démographie
d. Technologie - Avez-vous un site web productrices de recettes? Non? Ensuite, vous n'avez rien à faire; vous avez un magasin bas de gamme.
e. Développement durable, la croissance et le profit - si vous ne soutenez pas, vous périrez, si vous ne grandissez pas, vous obtiendrez plus petit, et si vous ne faites pas de profit, vous serez perdre de l'argent
f. Niche - Quel est l'avantage de votre entreprise sur le marché /
g. PR - Relations avec les publics Comment bien avez-vous trompé le public en pensant que vous tenez vraiment à la communauté?
h. Le souci de l'employé - Comment avez-vous bien trompé les employés en pensant que vous souciez vraiment d'eux? Et si vous ne vous souciez un peu à leur sujet, combien d'argent êtes-vous prêt à dépenser pour ce produit de luxe?

ICA et Devoir 2

1 Pourquoi avons-nous besoin des énoncés de mission?
2 Quelles sont les composantes d'un énoncé de mission?
3 Pourquoi le marketing de la clientèle La publicité est essentielle?
4 Comment devrions-nous accomplir consommateurs Marketing Publicité?
Ressources Internet pour cette leçon:
Général Matériau de référence pour tous les contenus
http://www.askmrmovies.com
Énoncés de mission

www.missionstatements.com/company_mission_statements.html

Client Marketing Publicité
www.marketing.about.com/cs/advertising/a/marketvsad.htm

Leçon les plans de Tafero de Jour - Gestion stratégique - l'évaluation externe - Trois
Leçon 3 - L'évaluation externe

1. ***** Forces extérieures 83
un. forces économiques
b. forces sociales, culturelles, démographiques et environnementaux
c. forces politiques, gouvernementales et juridiques
d. forces technologiques
e. forces de la concurrence
2. ***** Forces85 économique
un. Biens ou services décalage
b. La disponibilité du crédit
c. Niveau de revenu disponible
d. Les taux d'intérêt
e. Taux d'inflation
f. Les déficits publics
g. évolution du PIB
h. les modes de consommation
i. Chômage
j. Productivité
k. Devise Valeur
l. Tendances Bourse
m. Conditions économiques extérieures
n. Problèmes Import / Export
o. L'évolution de la demande
p. Prix fluctuations
q. Taux d'imposition
r. Besoins énergétiques
3 ***** forces sociales - 90
un. Groupes d'intérêts spéciaux - CCP
b. Tendances de l'immigration et de l'émigration
c. Revenu par habitant
d. Éthique
e. L'égalité des sexes
f. Tranquility raciale
g. Taux de natalité
h. Niveaux de scolarité
i. contrôle du gouvernement

j. Questions de retraite
k. Préoccupations environnementales
l. Consommation d'énergie
m. Les questions de transport
n. Problèmes de logement
4. ***** technologique Forces93
un. Internet
b. Les dispositifs de communication
c. Sites Web pour les entreprises - pas de site web, pas d'affaires (vous êtes juste un magasin)
d. Niveau de l'industrialisation dans votre pays
e. Niveau de l'avancement scientifique dans un pays - Par exemple, si le reste des étudiants dans le monde ont un accès complet et sans restriction à la élèves d'un autre pays Internet et ne pas, alors le pays avec un accès limité sera un désavantage de développement économique et une plus grande.

ICA et les devoirs

Certaines forces externes sont hors de notre contrôle

Écrire un paragraphe sur les essais questions suivantes:
1. Discutez Forces externes
2. Discutez forces économiques
3 Discutez forces sociales
4. Discutez Forces technologiques

Ressources Internet pour cette leçon:
Général Matériau de référence pour tous les contenus
http://www.askmrmovies.com

Forces externes
www.knowthis.com/principles-de-marketing-tutorials/
Forces technologiques
www.strategy-formulation.24xls.com/en106

Leçon les plans de Tafero du jour - Gestion stratégique - L'évaluation externe Partie Deux - Quatre
Leçon 4 - L'évaluation externe - Partie 2

Êtes-vous prêt pour le changement?

1. ***** générale de la concurrence Variables96
un. Points forts
b. Faiblesses
c. Objectifs
d. Réponse aux événements
e. Vulnérabilité à vos stratégies
f. Vulnérabilité aux stratégies de nos concurrents
g. Positionnement (part de marché)
h. Ventes actuelles
i. Stock cours du marché
j. Vol intellectuelle et imitations
2. ***** variables de la concurrence spécifique (pas dans le livre)
un. Stratégies de publicité et des coûts
b. Coût des marchandises
c. Louer ou achat de terrains ou bâtiments
d. capacité de Tech
e. Transport pour les employés
f. Coûts de l'énergie
g. Assurance
h. Entrepôt Entretien
i. Véhicules pour le transport aux détaillants
j. FORCE DE VENTE - démarcheurs - équipement d'interieur (télémarketing) - Ferme-
k. Fournisseurs - Walmart et vous êtes tout à fait différent
l. Mondialisation
3 ***** EFE - Evaluation Externe 109
un. Inscrivez principaux facteurs externes
b. Attribuer à chaque facteur un poids qui ajoute à 1
c. Attribuer un poids de 1-4 à la force actuelle de votre entreprise à chaque facteur
d. Multipliez b et c pour un score pondéré de chaque facteur
e. Ajouter les scores pondérés des facteurs pour un score total
4. ***** CPM - Profil concurrentiel matrice 111
un. Identifie les principaux concurrents
b. Listes des variables de facteurs de succès
c. Donne un poids à chacun de ces facteurs
d. Donne un score pour chacun de ces facteurs
e. Compare les scores de chacun des facteurs
f. Compare les scores totaux de chaque entreprise
g. Permet une analyse interne par les stratèges de voir ce qu'il faut améliorer

ICA et HW missions - Leçon 4
C'est une jungle là

Écrire un paragraphe sur chacune de ces questions à développement:

1. Discutez variables Compétition général
2. Discutez variables de concurrence spécifiques
3 Créer un EFE pour Walmart (vous pouvez faire de la figuration)
4 Créer un CPM pour les entreprises de téléphonie mobile en Chine (3 est assez et faire de la figuration)
Ressources Internet pour cette leçon:
Général Matériau de référence pour tous les contenus
http://www.askmrmovies.com

Évaluation des facteurs internes
www.maxi-pedia.com/EFE+matrix+external
Profil concurrentiel Matrice
www.mba-tutorials.com/strategy/85-cpm-concurrentiel-profil-matrix.html
Leçon les plans de Tafero du jour - Gestion stratégique - l'évaluation interne - Cinq
Leçon 5 - L'évaluation interne

Cet homme est en train de faire une évaluation interne de la pizza au pepperoni qu'il avait pour le déjeuner
1. ***** Fonctions de Management131
un. Planification
b. Organiser
c. Motivant
d. Recrutement
e. Contrôle
2. planification 132 - préparer l'avenir
3 Organiser 132 - relations entre les tâches de structuration et d'autorité
4. Motivating132 - efforts en vue de façonner le comportement humain
5.-Staffing132 personnel de gestion des ressources humaines
6 Contrôle 132 - en s'assurant que les résultats sont conformes aux plans - ou aller à B, C, D
7 ***** Fonctions de Marketing136
un. Analyse des clients 136 - le ciblage
b. Vente de produits / services136 - des campagnes de publicité
c. Produit planning136 / de service - les budgets
d. Les forces du marché Pricing136-
e. Marketing internet research136- et vivre (R & D)
f. Distribution136 - l'obtention de votre produit à des clients (de gros et de détail)
g. Occasion 136 - alliances stratégiques, les prises de contrôle
8. ***** marketing Audit139
un. Marché segmenté correctement?
b. Bien positionné vs concurrents?
c. La part de marché de plus en plus?
d. Distribution fiable et rentable?

e. la force de vente suffisante?
f. Faire des études de marché (R & D)?
g. De bonne qualité?
h. Le service est bon?
i. Prix correctement?
j. Publicité efficace?
k. Un budget précis?
l. Personnel bien formé?
9 Ratio144 actuel = Actif à court terme sur le passif courant
10. dette au total des actifs Ratio144 = Total de la dette sur l'actif total
11 Inventaire Turnover144 = ventes sur stocks de produits finis
12 Bénéfice brut Margin144 = Ventes coût des marchandises vendues sur les ventes
13 Bénéfice net Margin144 = bénéfice net sur les ventes
14 Retour sur le total Assets145 = Résultat net sur actif total
15 Stock Price145 = Actif-Passif plus Nombre total d'actions en circulation

ICA et HW missions
Pouvez-vous deviner lequel a obtenu la promotion?

Écrire un paragraphe pour chacune de ces questions à développement:
1. discuter des fonctions de gestion
2. discuter des fonctions de marketing
3. Discus le processus de vérification de marketing
4. Discutez différentes formules Ratio
Ressources Internet pour cette leçon:
Général Matériau de référence pour tous les contenus
http://www.askmrmovies.com

Fonctions de marketing
-hub.com/marketing-gestion-rôles www.management-functions.htm
Fonctions de gestion
www.managementstudyguide.com/management_functions.htm

   Leçon les plans de Tafero du jour - Gestion stratégique - L'évaluation interne la deuxième partie -Lesson Six
Leçon 6 L'évaluation interne II

Il s'agit d'un garçon de l'affiche Pour récentes des banquiers d'investissement international
1. ***** La Finance / Comptabilité Audit147
un. Où se trouve l'entreprise forte et faible selon les analyses de rapport
b. L'entreprise peut lever des capitaux?
c. Comment est flux de trésorerie?
d. Les budgets sont relativement précis?
e. Sont des dividendes possible?

f. Les niveaux de confiance et ses actionnaires investisseurs et secondaires?
g. Personnel expérimenté et bien formé?
2 ***** Les fonctions de production Management147
un. Processus - design de la production
b. Capacité - conception de sortie
c. Inventaire - combien voulez-vous stocker?
d. Considérations dotation - la main-d'œuvre
e. Qualité - meilleure est la qualité, plus le prix
f. Service - plus le service, plus le prix
3 ***** production vérification checklist149
un. composants de production fiable et raisonnable?
b. Machines de bureau et d'usine en bon état?
c. Inventaire suffisante et rentable lifo? fifo?
d. Avez-vous un bon emplacement?
e. Avez-vous un site web de produire un revenu en bonne santé?
4. ***** production Strategies150
un. À faible coût (le favori de la Chine, mais trop dangereux)
b. Haute-Qualiy -surtout favorisée par les pays occidentaux (peut aussi être dangereux)
c. Axé sur le client - Une bonne stratégie avec modération
d. Rapid produit Turnover- une approche risquée au mieux (croustilles chinois)
e. Vertical Intégration- difficile à mettre en œuvre (tout le monde travaille sur la même page)
f. Centralisation - généralement une bonne stratégie pour les entreprises et les gouvernements, mais dispose de plusieurs faiblesses.
g. Décentralisation - approche risquée a beaucoup de faiblesses, mais peuvent être très productifs s'ils sont correctement mis en œuvre
h. Automation - l'élimination du travail humain est presque toujours une bonne idée, mais il a certaines faiblesses en essayant d'utiliser l'automatisation pour un travail plus subtil.
i. Employé Loyalty- au 21e siècle, c'est un concept qui est difficile à vendre aux jeunes travailleurs; en particulier ceux mis à pied lors des crises financières.
5 ***** Recherche et Développement de vérification
un. Est-ce que l'entreprise possède un service adéquat?
b. Si externalisés, sont des résultats rentables?
c. Les travailleurs sont bien formés et qualifiés?
d. Assez financement dans le budget?
e. Matériel à jour?
f. La communication entre R & D pour les autres adéquates
6. Benchmarking157 - outil de mesure de la performance de votre diverses normes
7 ***** IFE- interne Facteur Evaluation157
un. Inscrivez facteurs internes clés
b. Attribuer un poids à ces facteurs de 0 à 1 Somme doit être égale à 1
c. Attribuer des numéros à chaque facteur de faiblesses 1 - mineur à majeur 4
d. Multiplier le poids de chaque facteur par sa notation pour déterminer note pondérée
e. Additionner les scores notés pour chaque variable à mesurer les facteurs internes ICA et HW missions

Uncle Scrooge n'avait pas un MBA

Écrire un paragraphe sur chacune de ces questions à développement:
1. discuter de la vérification Finance / Comptabilité.
2 Discutez des fonctions de gestion de la production
3 Discuter de la Liste de vérification de la production
4. discuter des stratégies de production
5. discuter de la vérification de R & D
6 Construire et IFE pour une entreprise de votre choix.
Ressources Internet pour cette leçon:
Général Matériau de référence pour tous les contenus
http://www.askmrmovies.com
Financer des stratégies
www.unu.edu/unupress/unupbooks/uu29me/uu29me0a.htm
Stratégies de production
www.slideshare.net
 Leçon les plans de Tafero du jour - Gestion stratégique - Stratégies en action - Sept
Leçon 7 - Stratégies en action

1. ***** Alternatives à ne pas gérer par Objective170
un. XManaging par extrapolation - juste continuer à faire les choses de la même façon parce que vous faites de l'argent aujourd'hui
b. Gestion par la crise - Manipulation d'un problème à la fois, sans planifier la façon de traiter avec eux à l'avenir.
c. Gestion par subjectifs - juste faire du mieux que vous pouvez dans la façon dont vous pensez que cela devrait être fait
d. Gestion par l'espoir - l'avenir sera toujours mieux et pas pire que le présent
2. ***** Types de Strategies173
un. L'intégration de l'avant - accéder à la propriété de certains de vos commanditaires
b. L'intégration en amont - accéder à la propriété de certains de vos fournisseurs
c. L'intégration horizontale - la propriété de gagner un ou plusieurs de vos concurrents
d. La pénétration du marché - la recherche de gains de parts de marché
e. Le développement du marché - l'introduction de produits anciens dans une nouvelle zone géographique
f. Le développement de produits - l'amélioration ou la création de nouveaux produits
g. Diversification connexes - l'ajout de nouveaux produits liés aux anciens (pailles pour soda)
h. Sans rapport avec la diversification - ajout de nouveaux produits sans rapport avec les anciens (ordinateurs et alimentaire)
i. Compressions - également connu comme la réduction des effectifs, il est généralement la dernière étape avant bankruptcy.X

j. Cession - cédant une partie de votre entreprise qui perd de l'argent (IBM-Lenovo) X
k. Liquidation - vendant tout ce que vous allez bankruptX
Trois Strategies188 Générique 3 Porter
un. Le leadership des coûts - low cost - Trustmart
b. Le leadership des coûts - le meilleur rapport qualité - Walmart
c. Différenciation - ayant une niche
4. ***** moyen d'atteindre Strategies193
un. Les coentreprises / partenariats - généralement un pourcentage fixe pour chaque partenaire
b. Fusions - un accord à l'amiable de combiner les ressources avec une autre entreprise
c. Acquisition - peut être amicale ou hostile en fonction de la situation économique des deux sociétés
d. Première sur le marché - le premier à vendre un article comme IPAD Tableau des gagnants et des perdants sur 199
e. Outsourcing - la réduction des coûts par l'embauche de la main-d'œuvre meilleur marché dans d'autres pays (Mexique, Chine)
5 ***** à but non lucratif Organizations203
un. Établissements d'enseignement - Jimei U, Xiamen U
b. Les organisations médicales - Xiamen # 2 hôpitaux
c. Organismes gouvernementaux et ministères - CIFIT, Bureau de l'investissement étranger

Missions ICA et HW

Les stratégies de Porter
Écrire un paragraphe sur chaque question à développement:
1. discuter des alternatives pour ne pas la gestion par objectif.
2 Discuter des nombreux types de stratégies et de leurs significations (2 paragraphes)
3 Discutez trois stratégies génériques de Porter
4. discuter des moyens pour parvenir à des stratégies
5. Discutez organisations à but non lucratif

Ressources Internet pour cette leçon:
Général Matériau de référence pour tous les contenus
http://www.askmrmovies.com

Les stratégies de Porter
www.quickmba.com/strategy/generic.shtml
Stratégies de gestion alternative
www.ncbi.nlm.nih.gov/pubmed/17138407

Leçon les plans de Tafero du jour - Gestion stratégique - Analyse stratégique et Choice - Huit
Leçon 8 - Analyse de la stratégie et le choix

Un autre exemple de mauvaise planification Sans éventualités
1. ***** Le global de gestion stratégique Model216
un. Développer la vision et / ou l'énoncé de mission
b. Effectuez la vérification interne
c. Effectuez la vérification externe
d. Établir des objectifs
e. Évaluer les stratégies
f. Mettre en œuvre des stratégies
g. Commandes pour les stratégies
2 ***** Le analysis221 SWOT
un. Inscrivez opportunités externes
b. Inscrivez menaces extérieures
c. Inscrivez forces internes
d. Inscrivez faiblesses internes
e. Concorder les atouts internes des possibilités externes
f. Correspondre à des faiblesses internes des possibilités externes
g. Concorder les atouts internes avec les menaces extérieures
h. Correspondre à des faiblesses internes avec les menaces extérieures
3 ***** Le quantitative planification stratégique Matrix Components241
Facteurs externes
un. Économie
b. Politique / Gouvernement / juridique
c. Social / démographique
d. Technologie
e. Compétitif
      Facteurs internes
un. Gestion
b. Marketing / Ventes / Publicité / Site Web
c. Finance / Comptabilité
d. Production
e. R & D
f. Des systèmes d'information (Tech / site web)
4 ***** Les étapes-241 QSPM
un. Faites une liste de possibilités et menaces externes dans la colonne de gauche
b. Faites une liste des forces et faiblesses internes dans la colonne de gauche avec A
c. Calcul du poids de chaque facteur externe et interne
d. Trouver des stratégies d'appariement possibles
e. Déterminer les scores d'attractivité
f. Calculer le score total Attractivité
g. Calculer la somme totale Score Attractivité

ICA et HW Affectation

1. discuter de la gestion stratégique global
2 Faire une analyse SWOT de votre propre entreprise
3 Faites un QSPM pour votre propre entreprise
4 Comment SWOT diffèrent d'un CPM?

Ressources Internet pour cette leçon:
Général Matériau de référence pour tous les contenus
http://www.askmrmovies.com

Gestion stratégique global
www.scribd.com/doc/.../The-Nature-de-stratégique-Gestion
Analyse SWOT
www.quickmba.com/strategy/swot/

Leçon les plans de Tafero du jour - Gestion stratégique - Stratégie de mise en œuvre - Neuf Stratégies Mise en œuvre - Leçon 9

1. ***** contrastées Formulation de la stratégie et de la stratégie Implementation262
un. positions de formulation des forces avant l'action
b. La mise en œuvre gère les forces pendant l'action
c. Formulation met l'accent sur l'efficacité
d. La mise en œuvre se concentre sur l'efficacité
e. Formulation est d'abord un processus intellectuel
f. La mise en œuvre est avant tout un processus opérationnel
g. Formulation nécessite une bonne intuition et les compétences analytiques
h. La mise en œuvre nécessite la motivation et les compétences en leadership
i. Formulation nécessite la coordination entre les quelques individus
j. La mise en œuvre nécessite une coordination entre plusieurs individus
2. ***** Objectives264 annuel
un. Une base pour l'allocation des ressources
b. Un mécanisme d'évaluation de gestionnaires
c. Suivre les progrès accomplis vers les objectifs à longue portée
d. Établir des priorités organisationnelles et les grands

3 ***** Société Policies267
un. Offrir des ateliers et des séminaires ou développement limité?
b. Recrutement des agences, les campus, ou des journaux?
c. Promouvoir au sein ou à la location de l'extérieur?
d. Compensation pour les objectifs à long terme ou à court terme?
e. Montant des avantages sociaux?
f. Négocier directement ou indirectement avec les syndicats?
g. Délégation à travers la décentralisation ou l'autorité de l'emplacement centralisé
h. Heures supplémentaires et combien?
i. Haute ou basse stock d'inventaire?
j. Un ou plusieurs fournisseurs?
k. Acheter ou louer des bâtiments, de l'équipement?
l. Combien de qualité?
m. Beaucoup ou peu de normes de production (le même que le contrôle de la qualité)
n. Un, deux ou trois équipes?
4. ***** Stratégie Structure Chandler Relationship270
un. Nouvelle stratégie est formulée - (PLAN A)
b. PLAN A ne
c. Résultats organisationnels accusent
d. Nouvelle structure organisationnelle est établie pour corriger le plan A
e. Améliorer les résultats organisationnels
f. En conséquence du nouveau plan structurant B est formulée
g. Le processus est continu sur une base quotidienne ou hebdomadaire

Leçon 9 ICA - Essais d'aide aux devoirs
1. Discutez des différences entre la formulation et la mise en œuvre la stratégie
2 Discuter des problèmes avec les objectifs annuels
3 Discutez des débats des politiques de la Société
4. Discutez Formulation de la stratégie de Chandler
Ressources Internet pour cette leçon:
Général Matériau de référence pour tous les contenus
http://www.askmrmovies.com

Objectifs annuels
www.businessweek.com/.../define_annual_objectives_with_your_team.html
Stratégie de Chandler
www.provenmodels.com/7

Leçon les plans de Tafero de Jour - Gestion stratégique - Stratégies de mise en œuvre (Deuxième Partie) - Dix
Leçon 10 - Poursuite des stratégies de mise en œuvre

1. ***** L'entreprise Unit274 stratégique
un. Chief Executive Officer (CEO) - Directeur stratégique
b. Chief Strategic Officer (CSO de)
c. Directeur Financier (CFO) - Responsable de la comptabilité
d. Chief Operating Officer (COO) - Directeur d'usine
e. Chief Information Officer (CIO) - coordonnateur de site Web et directeur de recherche *
• Donner ces deux fonctions importantes à la même personne peut être très dangereux; la chance que l'on tâche sera fait et l'autre négligé sera très élevé. Il est recommandé que deux personnes avec deux titres distincts seront donnés pour ces deux fonctions.
f. Vice-président des ressources humaines - directeur du personnel
g. VP Marketing - (Directeur des ventes et publicité) *
• Donner ces deux fonctions importantes à la même personne peut être très dangereux; la chance que l'on tâche sera fait et l'autre négligé sera très élevé. Il est recommandé que deux personnes avec deux titres distincts seront donnés pour ces deux fonctions.
Les éléments supérieurs de la SBU sont généralement désignées sous le conseil d'administration et le directeur général est habituellement de la présidence de ce groupe.
2. ***** questions marketing 306
un. Les distributeurs exclusifs ou multiples?
b. Lourd, léger ou Pas de publicité TV?
c. Exclusif avantages pour le client ou pas?
d. Prix leader ou un suiveur?
e. Garantie complète ou limitée (qualité)?
f. professionnels de la vente payés à la commission droite ou salaire / commission?
g. Publicité source de revenus principale ligne ou pas?
3 ***** Éléments de marché Segmentation309
un. Géographique - région, province, ville, taille, la densité, le climat
b. Démographiques - âge, sexe, taille de la famille, le revenu, la profession, l'éducation, la religion, la race, la nationalité
c. Psychographiques - classe sociale, la personnalité
d. Comportementale - l'utilisation, avantage sollicité le statut de l'utilisateur, taux d'utilisation, statut de fidélité, la disponibilité, l'attitude
4. ***** Positioning311
un. Sélectionnez les critères ou de repères de l'industrie
b. Carte de votre compétition selon diverses variables: personnel / impersonnel, agressif / passif à deux dimensions et un axe à la fois
c. Rechercher des zones vides ou peu peuplées

d. Élaborer un plan de A à positionner votre entreprise dans ce domaine vacants ou peu peuplées
ICA - HW 10 - Quatre Essais

1 Discutez de la Strategic Business Unit
2 Discussion sur les enjeux marketing
3 examiner les éléments de la segmentation du marché
4 Discutez de positionnement
Ressources Internet pour cette leçon:
Général Matériau de référence pour tous les contenus
http://www.askmrmovies.com

Placement
www.learnmarketing.net/positioning.htm
Unités d'affaires stratégiques
www.gavrielshaw.com/.../business.../strategic-business-units/

Leçon 11 - Papier mi-parcours et / ou examen

Leçon les plans de Tafero de Jour - Gestion stratégique - Stratégies de contrôle - Douze
Leçon 12 - Stratégies de contrôle

1. ***** Finance / Comptabilité Issues313
un. Lever des capitaux à la dette à court terme, la dette à long terme, des actions privilégiées ou des actions ordinaires?
b. Louer ou acheter des actifs fixes?
c. Utilisez LIFO ou FIFO?
d. Elargir Débiteurs Times et pénalités? Réductions?
e. Combien d'argent à portée de main pour les dépenses de fonctionnement et de rachats ou de fusions potentielles?
2. ***** états financiers projetés Analysis318
un. Compte de résultat - moins le coût des ventes des marchandises vendues = marge brute moins les dépenses supplémentaires de la vente = résultat net
b. Projection Bilan - actif moins le passif = 0 ou affiche une perte pour éviter de payer des

impôts
3 ***** R & D Issues325
un. Mettre l'accent sur l'amélioration des processus ou produit?
b. Souligner recherche fondamentale ou appliquée?
c. Soyez un leader ou suiveur dans la R & D?
d. Développer la robotique ou le travail manuel?
e. Passez élevé, moyen ou faible $ en R & D?
f. Effectuer la R & D interne ou externe contrat?
g. Utilisez des universitaires ou des chercheurs dans le secteur privé?
4. ***** questions du site Web (pas dans le livre)
un. Si vous créez un site web?
b. Devrait-il être seulement quelques pages, couvrir l'ensemble du chiffre d'affaires, ou être massive et couvrir l'ensemble de l'entreprise?
c. Devrait-il être la source de revenus principale ou secondaire ou n'ont pas de revenus?
d. Si vous passez une petite, moyenne ou grande quantité d'argent sur votre site?
e. Si le contrôle du site est dans les mains des techniciens ou le chef de la direction et du conseil d'administration?
ICA - HW 12 - Quatre Essais

1. Discutez Questions de finances et de comptabilité
2. Discutez projetée Analyse des états financiers
3 Discuter des questions de R & D.
4. Discutez sites Web.
Ressources Internet pour cette leçon:
Général Matériau de référence pour tous les contenus
http://www.askmrmovies.com

Finances
www.google.com/finance

R & D
www.investopedia.com

Leçon 13 - Examen de la stratégie, de l'évaluation et de contrôle (Passons au plan B)
1. ***** Stratégie Bases340
A. Comment ont réagi les concurrents de nos stratégies?
B. Comment les stratégies des concurrents changé?
C. Comment les concurrents forces et les faiblesses changé?
D. Pourquoi les concurrents font certains changements stratégiques?
E. Pourquoi les stratégies de certains concurrents plus efficaces que d'autres?
F. Combien doit-on coopérer avec nos concurrents?
2. ***** mesure interne et forces externes et Weaknesses341
un. Nos forces internes sont actuellement fort?
b. Avons-nous ajouté forces internes supplémentaires? Que sont-ils?
c. Avons-nous toujours les mêmes faiblesses internes? Pour Whatdegree?
d. Quelles sont nos possibilités externes actuels?
e. Quels sont nos menaces extérieures actuelles?
3 ***** mesure organisationnelle Performance343
un. Retour sur investissement (combien avez-vous investi et combien avez-vous maintenant?)
b. Rendement des capitaux propres (quel est votre part quand vous avez investi beaucoup andhow est-il maintenant?)
c. Marge de profit (combien avez-vous faites sur chaque dollar investi?)
d. Part de marché - (combien du marché contrôlez-vous?)
e. Endettement - (Combien possédez-vous moins combien vous devez?)
f. Bénéfice par action - (? Combien de profits voulez-vous montrer dans votre stock Prix)
g. Croissance des ventes - (Combien avez vos ventes ont augmenté ou diminué sur une période de temps spécifique?)
h. Croissance de l'actif (combien ont vos actifs augmenté ou diminué sur une période de temps spécifique?)
4. ***** planification d'urgence (Plan B et au-delà) 351
un. Identifier les événements, favorables et défavorables qui menacent le plan A (mensuel, trimestriel, annuel)
b. Calcul quand et où ces événements se produiront et essayer d'en tenir compte dans le plan A
c. Évaluer l'impact de chacun de ces événements et d'essayer de tenir compte de l'impact dans le plan A
d. Élaborer un plan B, C et D sur la base de ces nouvelles évaluations
e. Soyez prêt à élaborer le Plan B dès que possible d'incorporer les éléments utiles de Plan A
f. Soyez prêt à faire de ce processus un un CONTINU qui doit modification périodique.
ICA - HW - Questions à la Leçon 13

1. Discuter les bases de la stratégie.

2 Discuter de mesure interne et des forces extérieures
3 Discutez Mesure du rendement organisationnel
4. Discuter des plans d'urgence (Plan B, C, D, etc)
Ressources Internet pour cette leçon:
Général Matériau de référence pour tous les contenus
http://www.askmrmovies.com

Bases de stratégie
www.oup.com/uk/orc/bin/9780199288304/henry_ch05.pdf
plans d'urgence
www.factoidz.com/strategic-gestion-et-planification-le-Tafero principe -...

Leçon 14 - Pratique dans le champ; Inconvénients à des études de cas dans les textes américains

A. Presque toutes les études de cas dans les livres avant 2008 sont pré-crise financière mondiale, de sorte qu'ils ont peu de valeur comme un outil d'analyse actuel. La plupart d'entre eux sont âgés de cinq ans ou plus. C'est avant l'avènement d'une grande partie de la technologie et de l'évolution d'un certain nombre de pratiques commerciales.
B. La quasi-totalité d'entre eux sont des sociétés américaines, de sorte qu'ils ont peu de valeur pour les 99% des étudiants internationaux qui travailleront pour des sociétés internationales. Quelques études d'entreprises comme Lenovo, Alibaba et China Mobile cas pourraient être beaucoup plus utile à l'avenir.
C. Suggestions Pratique dans le champ
1. développement et l'examen des CV
2. exhaustive de la recherche sur la société de stage Avant de travail sur le terrain
3 Création d'un portefeuille pour la Compagnie de stage, y compris les données de recherche et de matériel publicitaire
4. soigneusement construit IFE
5. soigneusement construit EFE
6. CPM soigneusement construit
7. soigneusement construit SWOT
8 Une analyse de la part de marché et les raisons de gain ou de perte
9 L'analyse des ventes et des raisons de gain ou de perte
10 Une analyse de la cours de bourse et les raisons de gain ou de perte

11 Une présentation ppt contenant tout ce qui précède.
12 Un plan stratégique pour l'entreprise d'obtenir ou de garder 8,9 et 10 ..
13. pratiques d'entrevue
14. Sur le tas mains sur les expériences à être conservés dans le journal - peu de détails
15 Lors de l'inspection du site de progrès deux fois par semestre
16 présenté à la revue finale

ICA-HW questions à développement
Les élèves étudient le terrain MBA
1 Comment un portefeuille de ce que vous pouvez faire de la publicité pour une entreprise privée vous donner un avantage lors de l'entrevue?
2 Comment une présentation de la part de marché, les ventes et le marché du cours des actions de votre société préférée avec une courte analyse d'un plan d'action proposé vous donnera un autre bord lors de votre entrevue?
3 Ce qui sépare les milliers de personnes interrogées dans les affaires de la quelques dizaines qui sont vraiment prêt à prendre sur le nouvel emploi?
4. Pourquoi sont des concepts démodés du processus d'entrevue pratiquement une garantie que vous obtiendrez un deuxième niveau ou un troisième emploi de niveau avec une entreprise (si vous êtes embauché à tous).
Ressources Internet pour cette leçon:
Général Matériau de référence pour tous les contenus
http://www.askmrmovies.com

Portefeuilles d'affaires
www.ehow.com/business portefeuilles
Interview et Portefeuilles
www.mastercareercounselor.blogspot.com /.../ affaires portefeuille-faire-import ...

La deuxième partie de ce livre est un aperçu du cours sur le leadership.

Leçon du Régime d'Tafero de la journée - Leadership - L'importance du leadership - Un
Leçon 1 - L'importance du leadership

1. Leadership 2 - L'influence sociale à travers les idées et les actes
2. Les trois types de leaders 3
un. Les enseignants - la créativité
b. Heroes - grandes causes
c. Règles - domination des autres
3. courte liste des dirigeants
un. Aristote - t
b. Platon - t
c. Lao-Tseu - t
d. Confucius - t
e. Bouddha - t
f. Gandhi - h
g. Jésus - t
h. Muhummad - t
i. Moïse - h
j. Marx - t
k. Alexander - R
l. Luther - h
m. Charlemagne - r
n. Gengis Khan - r
o. Einstein - t
p. DaVinci - t
q. Jules César - r
r. Saladin - r
s. Mao Zedong - r
4 Comment les leaders apprennent?
un. Expérience 6 - l'expérience est le meilleur professeur pour les dirigeants selon la Chambre de commerce des États-Unis
b. Exemples 6 - des exemples ou des modèles est la deuxième source de la plupart des dirigeants en développement selon la Chambre de commerce des États-Unis.
c. Livres et école 6 - ceux-ci sont les troisièmes éléments les plus importants de l'apprentissage selon la Chambre de commerce des États-Unis.
5 Qu'est-ce que les gens veulent un leader? 6
un. L'intégrité et l'honnêteté
b. Connaissances professionnelles
c. People-construction des compétences
6 Qu'est-ce que constitue pour les dirigeants satisfaction? 9
un. puissance
b. aider
c. revenu élevé
d. Respect et de la Condition
e. occasion

f. connaissance
g. contrôle
7 Qu'est-ce frustre dirigeants? 9
un. Temps de travail sans compensation
b. De nombreux problèmes
c. Pas assez d'autorité
d. solitude
e. Politique organisationnels
f. Objectifs contradictoires
g. personnage Problèmes
8. principales préoccupations des dirigeants 10
un. tâches
b. personnes

Les dirigeants varient par leur accent sur l'un et le caractère secondaire de l'autre. Ce comportement a deux résultats très différents. Préoccupation principale de la tâche tend à subjuguer le traitement des personnes. Principale préoccupation pour les personnes tend à soumettre la réalisation d'une tâche.

9. domaines clés du leadership 12
un. L'équation de leadership - qualités de leaders, suiveurs et des situations
b. Puissance de la vision - direction
c. Éthique - conduisant à la morale
d. Empowerment - leadership démocratique
e. Principes de leadership - équipes gagnantes
f. Comprendre les personnes - la psychologie
g. En multipliant l'efficacité - efficacité
h. Développement des autres - l'enseignement
i. Gestion de la performance - discipline

ICA et HW 1

Répondez aux questions de développement suivantes:
1 Comment les leaders apprennent?
2 Comment sont choisis les dirigeants par le peuple?
3 Comment un leader résoudre le problème de mettre les gens ou les tâches en premier?
4. Discuter les domaines clés du leadership.

Ressources Internet pour cette leçon:
Général Matériau de référence pour tous les contenus
http://www.askmrmovies.com
leadership
www.nwlink.com/~donclark/leader/leader.html
Groupe ou les gens?

www.changefactory.com.au/leadership-est-il-mieux-pour-être-gens-ou-tâche-ou ...
Film suggérée: Spartacus

Leçon les plans de Tafero de Jour - Leadership - L'équation du leadership - Deux
Leçon 2 - Le leadership équation

Marque Leadership équation

1. trois types de leadership Comportement 20
un. Autocratique ou dictatorial
b. Démocratique ou d'un groupe
c. Le laissez-faire ou la surveillance passive comme dans les marchés financiers
2. Deux résultats de Leadership Comportement 20
un. Les résultats de l'emploi centrée
b. Résultats du personnel axée sur
De ces deux résultats, les résultats axées sur l'emploi sont, de loin, le plus commun
3. Cinq principaux styles de gestion 20-21
un. Gestionnaire pauvre - peu préoccupantes pour l'emploi et la faible préoccupation pour les travailleurs (type c)
b. Gestionnaire Sweatshop - une grande préoccupation pour l'emploi, pour les travailleurs à faible risque (un type)
c. Country club de manager - une grande préoccupation pour les gens, peu préoccupantes pour l'emploi (type b)
d. Statut gestionnaire Quo - gère exactement comme prédécesseur; préoccupation modérée (type b)
e. Le gestionnaire Fonctionnement entièrement - Très préoccupé pour la production et une grande préoccupation pour les gens; bourreau de travail (type b)
f. Le gestionnaire paternaliste - Utilise $ et promotions pour le respect et la loyauté
g. Gestionnaire opportuniste - utilise l'un des principaux styles nécessaires à l'avancement de la carrière
4. urgence Théorie - 25 - que les qualités de leadership varient d'une situation à l'.
5. leadership transformationnel - 27 - Weber croit que les gens extraordinaires (comme Lawrence d'Arabie, Spartacus, Muhammad, Jésus) inspirent les autres et portent une grande fidélité.

ICA et HW 2

Répondez aux questions de rédaction ci-dessous.
1. Discutez leadership transformationnel.
2. Discutez différents styles de gestion.
3 Discuter de la Théorie de la Contingence.
4. Discutez types de comportements de leadership.

Ressources Internet pour cette leçon:
Général Matériau de référence pour tous les contenus
http://www.askmrmovies.com
Théorie de la contingence
www.businessmate.org/Article.php?ArtikelId=11
Le leadership transformationnel
www.leadingtoday.org/.../transformationalleadership.htm
  Film suggérée: Roi des rois

Leçon les plans de Tafero de la journée - Leadership - les qualités de leadership et facteurs de Situation - Trois
Leçon 3 - Leadership qualités et caractéristiques des Abonnés

Confucius

1. Principales qualités de leadership 30-31
un. vision
b. capacité
c. enthousiasme
d. stabilité
e. Le souci des autres
f. Confiance en soi
g. persistance
h. vitalité
i. charisme
j. intégrité
2. Retenue de fiducie 37
un. Répartition de la structure familiale
b. Baisse des structures sociales
c. Le manque de valeurs communes et le sens de la communauté
d. Découverte de confiance violé par les dirigeants précédents
3. principes de confiance 37-38
un. Traiter ouvertement avec tout le monde
b. Pensez à tous les points de vue
c. tenir les promesses
d. Donner des responsabilités (délégation de pouvoirs)
e. Écouter pour comprendre
f. Prendre soin des gens
4. Trust - 41 - Quatre niveaux de confiance

un. Cynic - fiducies presque personne
b. Sceptique - fiducies très peu
c. Fiducie surveillé - fiducies beaucoup, le jugement des réserves
d. Confiance - la quasi-totalité des fiducies
(avoir la classe faire confiance essai sur 39)

ICA et HW 3
Répondez à ces questions à développement
1. Discuter des quatre niveaux de confiance.
2 Discuter des principes de confiance.
3 Pourquoi les gens retiennent confiance?
4 Discutez des qualités majeures de leadership.
Ressources Internet pour cette leçon:
Général Matériau de référence pour tous les contenus
http://www.askmrmovies.com
Qualités de leadership
www.focus.com/briefs/human-resources/top-10-leadership-qualities/
confiance
www.businessweek.com/magazine/.../b4145076753447.htm

Film suggérée: Siddhartha

Leçon 4 - Facteurs conjoncturels
Les 300 Spartiates ont été encerclés et sont beaucoup plus nombreux, mais encore a bien fait.

Compatibilité 1. leader-suiveur 43
un. Taille de l'organisation
b. Sociale et psychologique climatique
c. Type, Place, et le but de la tâche
2. Types d'Intelligence 49
un. verbal
b. musical
c. logique
d. Visuo-spatiale

e. corps physique
f. Intrapersonnelle - (introspectif) - Comprendre Yourself
g. Interpersonnelle - comprendre les autres
3. styles de leadership selon divers chercheurs: 53
un. Vous Modélisation des autres
b. Les individus préfèrent généralement le même modèle de diriger et de suivre; ce qui provoque parfois de la confusion à un niveau ou un autre.
c. Les trois principaux types de leadership (dictatoriaux, démocratiques et libres-règne) ont tous été couronnés de succès avec divers dirigeants à un moment ou un autre (Elizabeth I, Jefferson, Eisenhower respectivement)
d. Il n'y a pas de style universellement efficace du leadership depuis les trois types de base ont réussi à de nombreuses reprises.
4. problèmes dans la résolution des conflits dans la conduite 55
un. La prise de décision
b. Établissement d'objectifs
c. communication

ICA et HW 4
Texans à l'Alamo étaient presque dans la même situation que les 300 Spartiates
Répondez aux questions de développement suivantes:
1. Discuter des problèmes de conflit de leadership.
2 Discuter des styles de leadership efficaces.
3 Discuter des divers types d'intelligence.
4. Discutez leader-suiveur capacité.

Ressources Internet pour cette leçon:
Général Matériau de référence pour tous les contenus
http://www.askmrmovies.com
Types de renseignement
www.skyview.vansd.org/.../The%20Nine%20Types%20of%20Intelligence.html
Capacités leader-suiveur
www.leadmcg.com/success/index
Film suggérée: Gandhi

Leçon les plans de Tafero de Jour - Leadership - Vision - Cinq
Leçon 5 - L'importance de la Vision

1. éléments de réussite de l'organisation 61
un. vision
b. compétences
c. Incentives
d. ressources
e. Plan d'action
2. Résultats possibles sans l'une des variables clés 61
un. réussite de l'organisation
b. Confusion (sans vision)
c. Anxiété et mixtes résultats (sans compétences)
d. Un changement graduel ou inertie (sans incitations)
e. Frustration (sans ressources ou d'argent)
f. Faux départ (sans un bon plan)
3 Le processus en trois actes pour le changement 63
un. Reconnaître Besoin de changement (crise financière mondiale)
b. Créer une vision claire et positive pour l'avenir (Never Let it Happen Again)
c. Institut autonomisation des structures et des processus pour réaliser la vision (créer des lois et des règles à ne jamais laisser cela se reproduire)
4. Autres éléments du leadership 63
un. Le leadership est important à tous les niveaux de l'organisation
b. Les positions et les titres ont peu ou pas de relation à la direction
c. Sans leadership, les organisations faiblir
d. L'interdépendance est mieux que l'individualisme en leadership organisationnel
e. Un bon leadership inspire les autres à effectuer des tâches
f. Le leadership exige la compréhension par les subordonnés
5 Les concepts de Vision 67
un. initier
b. Défi réaliste
c. Cherchez Participation dès le début
d. Encourager généralisée Commentaire
e. maintenir la communication
f. Laissez un peu de temps pour le processus de travailler
g. démontrer Commiment
h. maintenir l'harmonie
6. autre contenu de Vision 67-68

un. Objet central
b. Objectif large
c. valeurs fondamentales
d. parties prenantes
e. analyse SWOT
f. initiatives stratégiques
g. plans tactiques

ICA et HW 5

Répondez aux questions de développement suivantes:
1. Discutez concepts et le contenu de la vision.
2 Discuter du processus en trois actes pour le changement.
3 Discutez des résultats négatifs de la gestion sans vision.
4 Discutez des éléments de réussite de l'organisation.
Ressources Internet pour cette leçon:
Général Matériau de référence pour tous les contenus
http://www.askmrmovies.com
vision
www.quickmba.com/strategy/vision/
Processus trois actes pour le changement
changement de www.delta7.com/delta7-processus-stage3-act/

Film suggérée: Lawrence d'Arabie

Leçon les plans de Tafero de Jour - Leadership - Motive et éthique - Six

• Leçon 6 - Le Motif de plomb et Climat organisationnel
Jules César

1. motifs de base pour le leadership 72
un. puissance
b. réalisation
c. Affiliation - aider les autres
2. éléments d'un climat organisationnel favorable 77
un. Systèmes de récompense
b. Clarté des objectifs
c. haut standing
d. Soutien
e. leadership
3. modèles de leadership 81

un. Exploiteurs - autocratiques et non-participatives-dictatures
b. Impovished - principalement autocratique et non-participative, mais avec une certaine participation des travailleurs
c. Soutien - principalement démocratique et participatif, mais avec des agendas mixtes
d. Enlightened - démocratique et participative avec un ordre du jour clair
4. principes d'une organisation éclairée 82
un. Les ressources humaines sont le plus grand atout de l'organisation
b. Chaque personne est traitée avec compréhension, la dignité, de la chaleur et de soutien
c. Utilisez la vision et l'esprit d'équipe
d. Fixer des objectifs de haute performance à tous les niveaux de l'organisation
5. Conditions d'Community Building 83-84
un. Une vision commune
b. intégrer la diversité
c. culture partagée
d. Communication interne
e. Considération et confiance
f. entretien
g. participation
h. développement
i. Affirmation - se convaincre qu'il fait un bon travail
j. Liens avec des groupes extérieurs

ICA et HW 7
Répondez aux questions de développement suivantes:
1. Discuter des conditions de construction de la communauté.
2 Discuter des modèles de leadership.
3 Discutez des éléments d'un climat organisationnel favorable.
4. Discutez motifs de base pour le leadership
Ressources Internet pour cette leçon:
Général Matériau de référence pour tous les contenus
http://www.askmrmovies.com
Développement communautaire

Motifs de leadership
 Film suggéré - Jules César

Leçon 7 - Leadership éthique
1. développement moral - 97
un. Associations -family, les amis et les modèles
b. Livres - connaissances et de la lecture
c. Le concept de soi - ce que nous pensons de nous-mêmes
d. Médias visuels - la façon dont nous sommes affectés par le cinéma et la télévision
e. Internet et la personnalité de téléphone portable - nos communications personnalité
2. niveaux de développement moral - 99
un. Pré-classique morale - la peine / plaisir
b. La morale conventionnelle - la conformité au groupe
c. La morale post-conventionnelle - Jugement sur la base de ce que nous croyons être bon ou mauvais
3. Les arguments Heinz raisonnement pour voler des médicaments 99
un. Châtiment-aller en prison / Pleasure - je garde ma femme et je peux être heureux
b. Classiques - la plupart des gens ne volent pas des médicaments / la plupart des gens vont tout faire pour leurs épouses
c. Post-conventionnel - Je vais voler les médicaments parce que je pense que la loi est injuste et ma femme est plus important que toute loi / en tant que citoyen respectueux de la loi, je dois respecter la propriété d'autrui et les lois du pays
4. Ingrédients pour Moral Leadership 104
un. Motifs - Pourquoi devrais-je this- parce que c'est la bonne chose à faire
b. Moyens - avez-vous les moyens de faire quelque chose au sujet d'un problème?
c. Conséquences - considérez-vous ce qui se passera si vous faites ou ne faites pas quelque chose?

ICA et HW 7
Répondez aux questions de développement suivantes:
1. Discutez des ingrédients pour le leadership moral
2 Discuter des arguments Heinz raisonnement pour avoir volé des médicaments
3. discuter des niveaux de développement moral
4. discuter des éléments de développement moral

Ressources Internet pour cette leçon:
Général Matériau de référence pour tous les contenus
http://www.askmrmovies.com
Heinz Raisonnement

Niveaux de développement moral

Film suggérée: Lincoln

Leçon les plans de Tafero de Jour - Leadership - Les valeurs et l'éthique au travail - Huit
Leçon 8 - Le rôle des valeurs

1. problèmes Valeur 106
   un. Incompréhension
   b. Les différences dans les systèmes de valeurs
   c. Recevoir des messages mixtes
   d. désorganisation
   e. mécontentement
   f. insensibilité

2. valeurs en milieu de travail américain 107
   un. honnêteté
   b. respect
   c. service
   d. excellence
   e. intégrité

3. définitions traditionnelles de l'Ouest du Bien et du droit 107-109
   un. Si vous avez le pouvoir, vous devez être bon
   b. Si vous avez l'intégrité, alors vous êtes bon
   c. Si vous avez simplicité naturelle, alors vous êtes bon
   d. Si vous faites la volonté de Dieu, alors vous êtes bon
   e. Si quelque chose vous fait plaisir, alors il doit être bon
   f. Si la plupart des gens bénéficient de quelque chose, il doit être bon
   g. Si quelque chose est pratique, il doit être bon

4. plein swing Valeurs 111
un. Connaître ses valeurs
b. Chérir ses valeurs
c. Déclarer ses valeurs
d. Loi sur les valeurs de un
e. Loi habituellement sur les valeurs de un

ICA et HW 8
Répondez aux questions de développement suivantes:
1. Discutez valeurs-bat son plein
2 Discuter des définitions de la tradition occidentale de bonne
3 Discutez valeurs dans le marché du travail américain
4. Discuter des problèmes de valeur

Ressources Internet pour cette leçon:
Général Documents de référence
http://www.askmrmovies.com

Les valeurs américaines en milieu de travail

Tradition Définitions occidentaux de bonnes

Film suggérée: Norma Rae

Leçon 9 - L'éthique au travail
1. Règles de travail 128
un. Relations avec les gouvernements
b. Relations avec les employés
c. Relations communautaires
d. Les relations d'affaires

e. Les règles de production
f. Relations avec les consommateurs
2. éthique des entreprises prospères 128
un. Essayez de répondre à toutes leurs circonscriptions -clients, employés, fournisseurs propriétaires concessionnaires, les communautés et les gouvernements
b. Ils sont dédiés à des valeurs élevées et larges
c. Ils se sont engagés à l'apprentissage
d. Ils essaient d'être les meilleurs dans tout ce qu'ils font
3. Quatre questions fondamentales d'éthique 129
un. Est-ce la vérité?
b. Est-il juste pour tous les intéressés?
c. Sera-ce la bonne volonté ou de meilleures relations?
d. Sera-ce bénéfique à tous les intéressés?
4 Coût de faute déontologique 129
un. La perte de clients et les ventes
b. chiffre d'affaires a augmenté
c. démoralisation
d. Perte de l'équité
e. Les coûts élevés d'exploitation des sanctions
f. Les frais juridiques
g. Frais de prêteur
h. La perte de confiance du public
i. Échec de l'entreprise

ICA et HW 9
Répondez aux questions de développement suivantes:
1. Discutez des coûts de manquement à l'éthique.
2 Discuter des quatre questions fondamentales de l'éthique.
3 Discuter de l'éthique des entreprises prospères.
4. Discuter des règles de travail.

Ressources Internet pour cette leçon:
Matériels de références généraux
http://www.askmrmovies.com
Éthique des entreprises prospères

Quatre questions fondamentales d'éthique
Film suggérée: Tucker

www.ingramcontent.com/pod-product-compliance
Lightning Source LLC
Chambersburg PA
CBHW071730170526
45165CB00005B/2231